CATALOGUE

# DES LIVRES

COMPOSANT

LA BIBLIOTHÈQUE MÉDICALE ET LITTÉRAIRE

## DE FEU M. LE D<sup>R</sup> R***

DONT LA VENTE AURA LIEU

*Le Samedi* 18 *Mars* 1882

**rue des Bons-Enfants, 28 (Maison Silvestre)**
(Salle n° 1)

Par le ministère de M<sup>e</sup> Maurice **DELESTRE**, commissaire-priseur,
successeur de M. Delbergue-Cormont,
rue Drouot, 27.

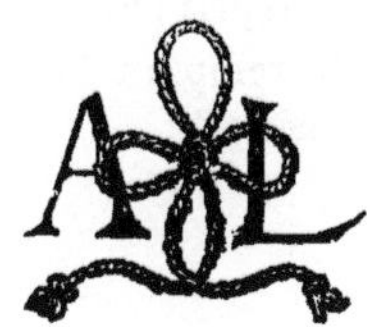

PARIS
ADOLPHE LABITTE
LIBRAIRE DE LA BIBLIOTHÈQUE NATIONALE
**4, Rue de Lille, 4**

1882

## CONDITIONS DE LA VENTE

La vente se fait expressément au comptant.

Les acquéreurs payeront 5 p. 100 en sus des enchères applicables aux frais.

Il y aura, le jour de la vente, de 2 à 4 heures, exposition des livres qui seront vendus le soir.

Les livres sont garantis complets et en bon état, sauf indication contraire. Ils devront être collationnés sur place et dans les vingt-quatre heures de l'adjudication. Passé ce délai ou une fois sortis de la salle de vente, ils ne seront repris pour aucune cause.

Le libraire chargé de la vente remplira les commissions des personnes qui ne pourraient y assister.

Paris. — Typ. G. Chamerot, 19, rue des Saints-Pères. — 11889.

# CATALOGUE
# DES LIVRES

COMPOSANT

## LA BIBLIOTHÈQUE MÉDICALE ET LITTÉRAIRE

## DE FEU M. LE D^R^ R***

**Environ 500 volumes seront vendus en lots à la fin de la vacation.**

## HISTOIRE NATURELLE

1. L'Histoire du monde de C. Pline Second, avec un traité des poids et mesures des antiques réduites à la façon des François, mis en françois par Antoine du Pinet, seigneur de Noroy. *Paris, Foucault*, 1615, 2 tomes en 1 vol. in-fol. fleurons grav. sur titres, v. antiq. marbr.

2. Dictionnaire universel d'histoire naturelle, résumant et complétant tous les faits présentés par les encyclopédistes, etc., par Arago, Becquerel, Brongniart, etc., et dirigé par Ch. d'Orbigny. *Paris, Renard et Martinet*, 1841-49, 25 vol. gr. in-8, texte à 2 col. brochés, et 2 vol. d'atlas, planches en couleur en demi-rel. bas. verte.

3. Le Règne animal distribué d'après son organisation, pour servir de base à l'histoire naturelle des animaux et d'introduction à l'anatomie comparée, par le baron Cuvier. *Paris, Deterville*, 1829, 5 vol. in-8, 20 planches grav. par Tardieu d'après Laurillard, cartonn. ébarb.

   Les tomes IV et V, comprenant les crustacés, les arachnides et les insectes, ont été rédigés par Latreille; — les 20 planches sont reliées à la fin du tome III.

4. Recherches sur les ossements fossiles de quadrupèdes, par Cuvier. *Paris, Deterville*, 1812, 4 vol. in-4, nombr. planches de figures gravées et pliées, cartonn. tr. jasp.

5. Études sur la géographie botanique de l'Europe, et en particulier sur la végétation du plateau central de la France, par Henri Lecoq, professeur d'histoire naturelle de la ville de Clermont-Ferrand. *Paris, Baillière,* 1854-58, 9 vol. in-8, pap. vél. brochés.

Envoi autographe de l'auteur à M. Rigaud.

6. Flore française, ou Descriptions succinctes de toutes les plantes qui croissent naturellement en France; précédées d'un exposé des principes de la botanique... par M. de Lamarck; 3e édition, augmentée d'un vol. par de Candolle. *Paris, Desray*, 1815, 6 tom. en 5 vol. gr. in-8, 1 grande carte grav. et coloriée, 11 planches de figures gravées et pliées, demi-rel. v. brun, tr. marbr.

7. Essai sur les cryptogames des écorces exotiques officinales, précédé d'une méthode lichénographique et d'un « Genera » avec considérations sur la reproduction des agames, par L.-A. Fée, pharmacien. *Paris, Didot,* 1824-37, 2 part. en 1 vol. gr. in-4, planches en couleur, demi-rel. bas. ébarb.

---

## MÉDECINE ET CHIRURGIE

8. Dictionnaire de médecine, ou Répertoire général des sciences médicales considérées sous le rapport théorique et pratique, par Adelon, Béclard, Velpeau, etc... *Paris, Béchet-Labé*, 1832-46, 30 vol. in-8, demi-rel. bas. fauve, tr. jasp.

9. Dictionnaire de médecine, de chirurgie, de pharmacie, des sciences accessoires et de l'art vétérinaire, de P.-H. Nysten; édition corrigée par Littré et Robin, augmentée de la synonymie latine, grecque, allemande, anglaise, italienne et espagnole, et suivie d'un glossaire de ces langues. *Paris*, *Baillière*, 1858, 1 fort vol. gr. in-8, texte à 2 col. fig. intercal. dans le texte, broché.

10. Gazette médicale de Paris; Journal de médecine et des sciences accessoires, dirigé par le docteur Jules Guérin.

*Paris, bureau de la Gazette médicale*, 1831 à 1861, 30 vol. gr. in-4, texte à 2 col. demi-rel. bas. fauve.

Le premier volume (année 1830) manque.
Le deuxième est broché; le tome III (1832) est incomplet des 13 premières livraisons.

11. Bibliothèque du médecin-praticien, ou Résumé général de tous les ouvrages de clinique médicale et chirurgicale... publiés en France et à l'étranger, par une société de médecins sous la direction du docteur Fabre. *Paris*, 1842 à 1851, 15 vol. in-8, texte à 2 col. figures, brochés.

12. Bulletin général de thérapeutique médicale et chirurgicale; recueil pratique publié par J.-E.-M. Miquel, D. M., rédacteur en chef. *Paris, chez le rédacteur en chef*, 1831 à 1861, 61 tom. en 30 forts vol. in-8, portr. de Miquel lithogr. demi-rel. v. vert, tr. jasp.

Ce Bulletin a été publié, depuis l'année 1833, par E. Debout, successeur de M. Miquel.

13. Hippocratis Coi medicorum omnium longe principis Opera: quibus maxima ex parte annorum circiter duo millia latina caruit lingua : græci vero et arabes et prisci nostri medici plurimis tamen utilibus prætermiss., scripta sua illustrarunt : nunc tandem per Fabiũ Rhauenatem, Gulielmum Copum Basiliensem, Nicolaum Leonicenũ et Andream Brentium latinitate donata ac in lucem edita. *Basileæ, Cratandri*, 1526, in-folio, titre grav. sur bois, reliure en bois recouvert en peau de truie et dos de veau, fermoirs en cuivre.

Cette réimpression de la traduction faite sur un manuscrit du Vatican a paru en même temps que la première édition du texte grec ; elle est augmentée de notes dues à Guil. Copus, à Nic. Leonicerus et à André Brentius.

14. Aretæi Cappadocis medici libri VIII, Ruffi Ephesii de hominis partib. lib. III, Junio Paulo Crasso Patavino interprete. *Parisiis, apud Gulielmum Morelium*, 1554, pet. in-12, bas.

15. Les Anciens et renommés Autheurs de la médecine et chirurgie : Hippocrate, Galien, Oribase; traduit du latin et du grec par un docteur en médecine (Eust. d'Aubin et J. Gesselin). *Paris, Ménard*, 1634, 1 fort vol. in-12, fig. sur bois, bas.

16. Gabrielis Falloppii Mutinensis Observationes anatomicæ, in quinque libros digestæ, opera et studio M. Johannis Sigfridi Margsulensis, cum præfatione Johannis Bokelli.

*Helmstadii*, 1588. — Fœtus vivi ex matre viva sine alterutrius vitæ periculo cæsura a Francisco Rousseto, medico, gallice conscripta, Gasparo Bauhino, professore medico Basil., ord. latio reddita. *Basileæ*, 1591, 2 ouvr. en 1 vol. pet. in-8, parch. antiq.

17. Exercitationes de generatione animalium, quibus accedunt quædam de partu, de membranis ac humoribus uteri et de conceptione, autore Gulielmo Haruco. *Amstelodami, apud Johannem Janssonium*, 1651, in-12, frontispice gravé, vélin antiq.

18. Traité d'anatomie et de physiologie, avec des planches coloriées représentant au naturel les divers organes de l'homme et des animaux, par M. Vicq d'Azyr. *Paris, de l'imprimerie de Fr.-Ambr. Didot l'aîné*, 1786, gr. in-fol. figures en couleur, demi-rel. bas.

Tome Ier, seul paru, contenant l'anatomie et physiologie du cerveau.

19. Musée de la Faculté de médecine de Strasbourg : Observations d'anatomie pathologique avec l'histoire des maladies qui s'y rattachent, par C.-H. Hermann. *Strasbourg, Berger-Levrault*, 1843, gr. in-4, pap. vél. 5 planches de fig. — Histoire des polypes du larynx, par Hermann. *Strasbourg, Berger-Levrault*, 1850, in-fol. pap. vél. 6 planches de fig. — Description de deux fœtus monstres, l'un acéphale et l'autre monopode, par Hermann. *Strasbourg, Berger-Levrault*, 1852, in-fol. pap. vél. 4 planches de fig. — Observations d'anatomie pathologique et histoire des maladies qui s'y rapportent, par Hermann. *Strasbourg, Berger-Levrault*, 1863, in-fol. pap. vél. 8 planches de fig. Ensemble 4 vol. cartonnés.

20. Traité pratique d'anatomie médico-chirurgicale, par Richet, professeur à la Faculté de Paris. *Paris, Chamerot*, 1855-57, 2 vol. in-8, fig. intercal. dans le texte, brochés.

21. Traité nouveau de la structure et des causes du mouvement naturel du cœur, et Traité nouveau des liqueurs du corps humain, par Raymond Vieussens, médecin du roi. *Toulouse, Guillemette*, 1715, 2 part. en 1 vol. in-4, portr. de l'auteur par Poussin grav. par Le Roy, fleurons sur titres et planches de fig. grav. et pliées, demi-rel. bas.

Exemplaire de la 1re édition portant un titre général : « Œuvres françoises de M. Vieussens, dédiées à Nosseigneurs des États de la province de Languedoc. »

22. Recherches anatomiques sur le siège et les causes des maladies, par Morgagni, traduites du latin par Desormeaux et Destouet, de la Faculté de médecine de Paris. *Paris, Caille et Ravier*, 1820-24. 10 vol. in-8, cartonn. non rog.

23. Physiologie élémentaire de l'homme, par Brachet. *Paris, Germer Baillière*, 1855, 2 vol. in-8, brochés.

24. Physiologie pathologique, ou Recherches chimiques, expérimentales et microscopiques sur l'inflammation, la tuberculisation, les tumeurs, le cal, etc., par le docteur Hébert, médecin à Lavey (Suisse). *Paris, Baillière*, 1845, grand in-8 de 56 pages, pap. vél. 22 planches de fig. grav. par Oudet d'après Lebert et Lackerbauer, broché.

25. Traité élémentaire de physiologie humaine, comprenant les principales notions de la physiologie comparée, par J. Béclard; cinquième édition, revue, corrigée et augmentée, ouvrage accompagné de 247 figures intercalées dans le texte. *Paris, P. Asselin*, 1866, gr. in-8, cart.

26. Traité de physiologie, par Longet, professeur à la Faculté de Paris. *Paris, Germer Baillière*, 1868, 3 forts vol. in-8, figures, demi-rel. v. noir, tr. jasp.

27. Traité d'histologie et d'histochimie, par H. Frey, traduit de l'allemand par le docteur Spillmann, avec notes et un appendice sur la spectroscopie du sang, par le docteur Ranvier. *Paris, Savy*, 1871, gr. in-8, figures intercalées dans le texte, broché.

28. Traité d'histologie pathologique, par le docteur Édouard Rindfleisch, traduit de l'allemand et annoté par le docteur Fréd. Gross, professeur à la Faculté de Nancy. *Paris, Baillière*, 1873, grand in-8, fig. intercal. dans le texte, broché.

29. Nouveaux Éléments de physiologie humaine, comprenant les principes de la physiologie comparée et de la physiologie générale, par H. Beaunis, illustrés de 282 figures intercalées dans le texte. *Paris, J.-B. Baillière*, 1876, gr. in-8, figures, cart.

30. Fragments de philosophie médicale. Leçons d'introduction aux études cliniques. Discours et notices, par le docteur Schutzenberger, professeur de l'ancienne Faculté de Strasbourg. *Paris, Masson*, 1879, gr. in-8, broché.

31. Nosographie philosophique, ou la Méthode de l'analyse appliquée à la médecine, par Ph. Pinel, professeur à l'Ecole de médecine. *Paris, Brosson*, 1818, 3 vol. in-8, portr. de Pinel grav. par Delvaux d'après M$^{me}$ Mérimée, cartonn. non rog.

32. Traité de l'auscultation médiate et des maladies des poumons et du cœur, par H. Laennec, professeur au Collège de France. *Paris, Chaudé*, 1826, 2 vol. in-8, figures, cartonn. non rog.

33. Traité d'hygiène générale, par le docteur Adolphe Motard. *Paris, Baillière*, 1868-69, 2 vol. in-8, figures intercal. dans le texte, brochés.

34. Traité pratique des maladies des yeux, par le docteur Fano, professeur à la Faculté de Paris. *Paris, Delahaye*, 1866, 2 vol. gr. in-8, figures intercalées dans le texte et chromolithographiées, brochés.

35. Du Cancer cutané, par le D$^{r}$ Michon, chirurgien de l'hôpital Cochin. *Paris, Rignoux*, 1848, in-8, figures, cartonn. non rog.

36. De l'Évidement sous-périosté des os, par le docteur Sédillot. *Paris, Baillière*, 1867, gr. in-8, pap. vél. planches de figures polychromiques, broché.

37. Traité pratique des hernies, ou Mémoires anatomiques et chirurgicaux sur ces maladies, par Antoine Scarpa, traduit de l'italien par Cayol. *Paris, Gabon*, 1812. Recueil de 34 planches de figures grav. par Adam et réunies en 1 vol. in-fol. cartonn. non rog.

38. De l'Orthomorphie par rapport à l'espèce humaine, ou Recherches anatomico-pathologiques sur l'art orthopédique, par J. Delpech, professeur à la Faculté de Montpellier. *Paris, Gabon*, 1828, 2 vol. in-8, br. et atlas gr. in-4, cart.

39. Observations sur la grossesse et l'accouchement des femmes et sur leurs maladies et celles des enfants nouveau-nez, par François Mauriceau, ancien prévost de la compagnie des maistres chirurgiens de Paris. *Paris, l'auteur*, 1694, in-4, portr. de l'auteur par Boulogne grav. par Picart, v. antiq. marbr.

40. Traité complet des accouchements naturels, non naturels et contre nature, par de la Motte, accoucheur à Va-

lognes. *Paris*, *d'Houry*, 1765, 2 vol. in-8, planches grav. v. antiq. marbr.

41. Traité pratique de l'art des accouchements par Chailly-Honoré; troisième édition, considérablement augmentée, accompagnée de 275 figures intercalées dans le texte. *Paris*, *chez J.-B. Baillière*, 1853, fort vol. in-8, figures, demi-rel. v. rose, tr. jasp.

---

42. Histoire de la chirurgie, commencée par Dujardin, de l'Académie royale de chirurgie, et continuée par Peyrilhe, professeur de chimie au Collège de chirurgie de Paris. *Paris*, *Imprimerie royale*, 1774-80, 2 vol. in-4, fig. de la Gardette, v. antiq. marb. tr. marbr.

43. Georgii Agricolæ de peste libri tres. *Basileæ*, *anno* 1554.— La Chirurgie de Paulus Ægineta, qui est le sixiesme liure de ses œuvres. Item ung opuscule de Galien des tumeurs contre nature, plus ung opuscule dudict Galien, de la manière de curer par abstraction de sang, le tout traduit de latin en françoys par maistre Pierre Tolet, médecin de l'hospital de Lyon. *Chez Estienne Dolet*, *à Lyon*, 1540, 2 ouvr. en un vol. in-8, parch. antiq.

Mouillures.

44. Opera Dñi Joannis || de Vigo ĩ chyrurgia || additur chyrurgia Mariani san || cti Barolitani Jo. de Vigo Discipuli. || *Lugduni, excussa p. Antoniũ Blanchard. Impensis vero honesti viri Jacobi. q. frãcisci de Giũcta florentini ac sociorũ. Anno domini M.CCCCC.XXX* (1530), *Die vero xxiii mensis februarii*, 2 part. en 1 vol. pet. in-4 car. gothique, lettres ornées, texte à 2 col. titres encadr. de vign. sur bois, parch. antiq.

Bel exemplaire. La première partie a 270 feuillets chiffrés, y compris le titre, plus 5 feuillets pour la table. La 2e partie a 186 feuillets chiffrés et 3 ff. de table.

45. Les Œuvres d'Ambroise Paré, conseiller et premier chirurgien du roy, divisées en vingt-sept livres, avec les figures et portraits tant de l'anatomie que des instruments de chirurgie et de plusieurs monstres, revues et augmentez par l'auteur pour la seconde édition. *A Paris*, *chez Gab. Buon*, 1579, fort vol. in-fol. titre et nombr. figures en bois, demi-rel. v. br.

Cette deuxième édition contient à la fin : *l'Apologie et traité contenant les voyages faits en divers lieux* et le *Traité des fièvres*.

46. Œuvres chirurgicales de Hierosme Fabrice d'Aquapen-

dente, fameux médecin de l'Université de Padoüe. *Lyon, Ravaud*, 1649, 1 fort vol. in-12, parch. antiq.

47. Chirurgie françoise, recueillie par Jacques Dalechamps,... ensemble quelques traictez des opérations de chirurgie esclaircies par Jean Girault, chirurgien juré à Paris, avec les figures des instruments de chirurgie par lui inventés. *Paris, de Varennes*, 1610, in-4, fig. sur bois intercal. dans le texte, parch. antiq.

Bel exemplaire.

48. Epitome des préceptes de médecine et chirurgie, avec ample déclaration des remèdes propres aux maladies, par Pierre Pigray. *Rouen, Ferrand*, 1638, in-12, parch. antiq.

49. Observations chirurgiques de Guill. Fabri de Hilden, médecin-chirurgien, tirées de ses centuries, épîtres, traités et autres œuvres, traduites de latin en françois et réduites en ordre par un docteur-médecin (Théod. Boiret), auxquelles on a ajouté un traité de la gangrène, mis en lumière du vivant de l'auteur. *A Genève, pour Pierre Chouet*, 1669, in-4, figures, peau de daim.

50. Suite du Chirurgien d'hôpital, contenant différens traitez du mercure, des maladies des yeux, des tumeurs enkystées, des playes de poitrine, par Aug. Belloste, premier chirurgien de feue Madame Royale, douairière de Savoye. *A Paris, chez Laurent d'Houry*, 1725, in-12, mar. dos orné, tr. dor. (*Reliure ancienne.*)

Armoiries du duc de Noailles.

51. Brambilla (Joan. Alex.). Instrumentarium chirurgicum militare Austriacum, designatum et sculpt. per Fr. Landerer. *Vindobonæ, litteris Schmidtianis*, 1782, gr. in-fol. avec 67 planches gravées, demi-rel. v. gran.

52. Chirurgie clinique de Montpellier, ou Observations et réflexions tirées des travaux de chirurgie clinique de cette école, par le professeur Delpech. *Paris et Montpellier, Gabon*, 1823-28, 2 vol. in-4 et atlas, demi-rel. v. vert, tr. jasp.

53. Recueil des pièces qui ont concouru et mémoires sur les sujets proposés pour le prix de l'Académie royale de chirurgie (depuis 1732 jusqu'en 1783). *Paris, Delaguette et Didot*, 1753-an VI, 5 part. en 7 vol. in-4, 3 frontisp. de Boucher grav. par le Bas, 5 fleurons sur titres et 4 vi-

gnettes de Humblot grav. par Guélard et Leveau, v. antiq. marbr.

54. Traité des maladies chirurgicales et des opérations qui leur conviennent, par le baron Boyer, professeur à la Faculté de Paris. *Paris, Migneret*, 1831, 11 vol. in-8, demi-rel. v. brun, tr. marbr.

55. Leçons orales de clinique chirurgicale faites à l'Hôtel-Dieu de Paris, par le baron Dupuytren, recueillies et publiées par les docteurs Paillard, Brierre de Boismont et Marx. *Paris, Germer Baillière*, 1839, 6 vol. in-8, brochés.

56. Élémens de pathologie chirurgicale, par A. Nélaton. *Paris, Germer Baillière*, 1844-59, 5 vol. in-8, brochés.

57. Traité théorique et pratique des luxations congénitales du fémur, suivi d'un appendice sur la prophylaxie des luxations spontanées, par le docteur Pravaz. *Lyon et Paris, Germer Baillière*, 1847, gr. in-4, pap. vél. 10 planches de fig. grav. par Fugère et Dubouchet, brochés.

58. De l'Application de l'analyse clinique à la pathologie chirurgicale, ou Plan d'une pathologie chirurgicale analytique, par Eugène Estor, professeur à la Faculté de Montpellier. *Montpellier et Paris, Baillière*, 1856, 2 vol. in-8, fac-similé d'écriture, brochés.

59. Traité de médecine opératoire, bandages et appareils, par le docteur Ch. Sédillot. *Paris, Baillière*, 1865-66, 2 vol. gr. in-8, figures intercal. dans le texte, brochés.

60. Contributions à la chirurgie, par le docteur Ch. Sédillot. *Paris, Baillière*, 1868, 2 vol. gr. in-8, pap. vél. figures intercal. dans le texte, brochés.

61. Parallèle des différentes manières de tirer la pierre hors de la vessie, par H.-F. Le Dran, chirurgien juré à Paris. *Paris, Osmont et Delaguette*, 1730-56, 2 part. en 1 vol. in-8, planches de fig. grav. et pliées, v. antiq. marbr.

Signature de M. de Serain, chirurgien, sur le titre.

62. Nouvelle Méthode de tirer la pierre de la vessie, par Foubert. *S. l.*, 1743, in-12 de 52 pages, 8 planches de fig. grav. et pliées, bas.

Mouillures.

63. Nouvelle Méthode d'extraire la pierre de la vessie urinaire par-dessus le pubis... (par Jean Baseilhac, en reli-

*

gion le frère Cosme). *Paris, d'Houry*, 1779, in-12, planches de fig. grav. et pliées, cartonn. n. rog.

64. Recueil de thèses soutenues à la Faculté de médecine de Paris pour l'agrégation, par MM. Brongniart, Briquet, Belmas, Bérard, Guersent, Sédillot, etc. 1827-1835, 4 vol. in-4, demi-rel. parch. vert.

65. Thèses de médecine et de chirurgie, la plupart soutenues à la Faculté de Nancy (1830 à 1880). 21 vol. in-4 reliés, et environ 300 brochures.

---

# PHILOSOPHIE, BEAUX-ARTS, BELLES-LETTRES

66. La Sainte Bible (traduite sur les textes originaux, avec les différences de la Vulgate, par Nic. Le Gros). *Paris, Desoer*, 1819, gr. in-8, texte à 2 col. cartonn. non rog.

67. M. Tullii Ciceronis de Amicitia dialogus ad T. P. Atticum. — M. Tullius Cicero, de Officiis ad Marcum filium. *Lutetiæ, typis Jos. Barbou*, 1771-1773, 2 vol. in-48, portrait et figures, mar. rouge, fil. tr. dor. (*Reliure ancienne.*)

68. Les Œuvres de L. Annæus Seneca, mises en françois par Mathieu de Chalvet. *Paris, Langelier*, 1604, in-folio, titre gravé, portr. v. écaille, fil. tr. marbr.

Mouillures.
Le titre est gravé par Th. de Leu.

69. Œuvres de Sénèque le Philosophe, traduites en françois par la Grange, avec des notes de critique, d'histoire et de littérature (par Naigeon), précédées d'un essai sur les règnes de Claude et de Néron, et sur les mœurs et écrits de Sénèque (par Diderot). *Paris, Smits, an III*, 6 vol. in-8, dos de mar. r. veau racine, dent. sur les plats, tr. dor.

70. Les Essais de Michel, seigneur de Montaigne, nouvelle édition exactement purgée des défauts des précédentes, selon le vray original, enrichie et augmentée aux marges du nom des auteurs citez... (publiée par Mlle de Gournay).

*Paris, Courbé*, 1652, in-fol. fleuron grav. sur le titre imprimé, et frontispice grav. contenant le portrait de l'auteur, bas.

71. Les Six Livres de la République de J. Bodin, ensemble l'Apologie de René Herpin pour la République de J. Bodin. *Lyon, Gabr. Cartier*, 1593-94, 2 part. en 1 fort vol. in-12, vél. antiq.

Mouillures.

72. Maximes et Réflexions morales du duc de la Rochefoucauld. *A Paris, de l'imprimerie de P. Didot l'aîné*, 1796, in-18, portrait de l'auteur gravé par Gaucher, v. rac. dent. tr. dor.

73. Les Lois de l'ordre social, par Schützenberger, professeur à la Faculté de droit de Strasbourg. *Paris, Joubert*, 1849-50, 2 vol. in-8, brochés.

74. De la Prostitution dans la ville de Paris, considérée sous le rapport de l'hygiène publique, de la morale et de l'administration, par A.-J.-B. Parent-Duchâtelet. *Paris, J.-B. Baillière*, 1837, 2 vol. in-8, demi-rel. v. bleu, tr. jasp.

75. Annales du Musée et de l'École moderne des Beaux-Arts : recueil de gravures au trait d'après les principaux ouvrages de peinture et de sculpture, etc..., rédigé par C.-P. Landon, peintre... 25 vol. — Salon de 1808, 2 vol. — Salon de 1810, 1 vol. — Salon de 1812, 2 vol.; — de 1814, 1 vol.; — de 1817, 1 vol.; — de 1819, 2 vol.; — de 1822, 2 vol.; — de 1824, 2 vol.; — de 1827, sous le titre d'*Annales de l'École française des Beaux-Arts...* par Antony Béraud, pour servir de suite et de supplément aux salons de 1808 à 1824 publiés par Landon. *Paris, à l'imprimerie des Annales du Musée et chez Pillet aîné*, 1801-1827. Ensemble 40 vol. in-8, nombr. figures par différents artistes, demi-rel. chagr. noir, plats recouverts de percal. noire, tr. jasp.

76. Album rémois : collection de 30 lithographies imprimées à deux teintes, dessinées et lithographiées par Maquart. *Reims, Quentin-Dailly, s. d.*, in-4 oblong, pap. vél. fort, broché.

77. L'Été à Paris, par Jules Janin. *Paris, Curmer, s. d.*, gr. in-8, pap. vél. fig. d'Eug. Lami grav. par Allen, Wallis, etc., vignettes, demi-rel. chagr. noir, plats recouverts de percal. noire chagrinée, tr. dor.

78. La Vie des fleurs, par Eug. Noël, avec préface par Stahl. *Paris, Hetzel, s. d.*, gr. in-8, pap. vél. fig. intercal. dans le texte, demi-rel. chagr. rose, plats recouv. de percal. chagrinée rose, tr. dor.

79. Scènes de la vie privée et publique des animaux. Vignettes par Grandville. — Etudes de mœurs contemporaines, publiées sous la direction de M. Stahl, avec la collaboration de Balzac, Baude, Janin, Nodier, Sand. *Paris, Hetzel*, 1844, 2 vol. gr. in-8, pap. vél. frontisp. et figures hors texte, demi-rel. chagr. noir, tr. jasp.

80. Cent Proverbes par Grandville et par trois têtes dans un bonnet (Forgues, Taxile Delord, Arn. Frémy et Amédée Achard). *Paris, Fournier*, 1845, in-8, pap. vél. figures dans le texte et hors texte, cartonn. tr. dor.

---

81. Dictionnaire complet des langues française et allemande, par l'abbé Mozin, Guizot, Hœlder, Courtin, etc..., augmenté par Peschier. *Stuttgard et Tubingen*, 1842-46, 4 vol. grand in-8, texte à 3 col. demi-rel. v. fauve, tr. jasp.

82. Dictionnaire du vieux langage françois, par Lacombe. *Paris, Panckoucke*, 1766-67, 2 vol. in-8, v. antiq. marbr.

83. Les Quatre Poétiques d'Aristote, d'Horace, de Vida, de Despréaux, avec traductions et remarques par l'abbé Batteux. *Paris, Saillant et Noyon*, 1771, 2 vol. gr. in-8, frontisp. de Cochin grav. par Saint-Aubin, demi-rel. mar. rouge antiq.

Exemplaire sur papier fort et non rogné.

84. Anacréon, Sapho, Bion et Moschus, traduction nouvelle en prose, suivie de la Veillée des fêtes de Vénus (poëme attribué à Valère, Catulle, Florus, Sénèque, Luxurius, etc....) et d'un choix de divers auteurs, par M... C... (Moutonnet-Clairfons). *Paphos et Paris, Bastien*, 1775, in-8, frontisp. vignettes et culs-de-lampe par Eisen grav. par Massard, demi-rel. bas. fauve av. coins, parch.

85. Odes d'Anacréon, traduites en vers sur le texte de Brunet par J.-B. de Saint-Victor. *Paris, Nicolle*, 1813, in-12, fig. de Girodet grav. par Girardet, demi-rel. v. vert, non rog.

86. Quinti Horatii Flacci Emblemata, imaginibus in æs incisis, notisque illustrata studio Othonis Væni Batav.

Lugdunensis. *Antuerpiæ, Lisaert*, 1612, in-4, fleur. sur le titre et nombr. fig. grav. en taille-douce, v. fauv. antiq. dent. sur les plats, tr. marbr. (*R. P. Lefebvre.*)

87. Quinti Horatii Flacci Poemata, scholiis sive annotationibus instar commentarii illustrata a Joanne Bond. *Amstelodami, apud Danielem Elzevirium*, 1676, in-12, mar. rouge, dos orné, fil. tr. dor. (*Simier.*)

88. QUINTI HORATII Flacci Opera. *Londini, æneis tabulis incidit Joannes Pine*, 1733-1737, 2 vol. in-8, texte gravé, 2 fleurons, 2 frontispices, et 225 grandes figures, vignettes et culs-de-lampe à sujets, mar. olive, dos orné, jolie dent. sur les plats, doublé de mar. rouge avec la même dentelle répétée, gardes en papier or, tr. dor. (*Reliure ancienne.*)

Très-bel exemplaire de PREMIER TIRAGE. La reliure est bien conservée. Les plats portent des armoiries qui ont remplacé celles de Turgot.

La marge inférieure du titre porte l'étiquette collée : *Relié par Padeloup le jeune, place Sorbonne, à Paris.*

89. Quinti Horatii Flacci Opera. — Phædri Fabulæ et Publii Syri Sententiæ. *Parisiis, e Typographia regia*, 1733 1739, 2 vol. in-24, vélin antiq.

90. Quinti Horatii Flacci Poëmata, scholiis sive annotationibus instar commentarii illustrata a Johanne Bond. *Aurelianis, typis Couret de Villeneuve*, 1767, in-12, mar. rouge, dos orné, fil. tr. dor. (*Reliure ancienne.*)

91. Catullus, Tibullus, Propertius, cum C. Galli Fragmentis quæ extant. *Amsterodami*, 1626, in-32, titre gravé, mar. rouge, dos orné, tr. dor. (*Reliure ancienne. Armoiries sur les plats*).

92. Phædri Fabulæ et Publii Syri Sententiæ. *Parisiis, ex Typographia regia*, 1729, in-48, frontispice gravé par Simonneau, mar. bleu foncé, tr. dor. (*Reliure ancienne.*)

93. Fables de Phèdre, affranchi d'Auguste, traduites en françois avec le texte à côté et ornées de gravures. *A Paris, de l'imprimerie de P. Didot l'aîné*, 1806, 2 vol. in-12, figures, mar. bleu foncé, dos orné, dent. tr. dor.

94. P. Ovidii Nasonis Opera. *Amstelædami, apud J. Wetstenium*, 1751, 3 vol. in-16, frontispice gravé, mar. rouge, dos orné, fil. tr. dor. (*Reliure ancienne.*)

95. Les Métamorphoses d'Ovide, en latin et en françois, de la traduction de l'abbé Banier, de l'Académie des in-

scriptions et belles-lettres, avec des explications historiques. *Paris, Leclerc-Prault*, 1767-1771, 4 vol. in-4, fleurons sur titres et vignettes de Monnet et Choffard, v. fauv. antiq. fil.

Texte seul.

96. La Pharsale de Lucain, traduite en vers françois par Brébeuf, avec la vie des deux poëtes et des réflexions par Billecocq, citoyen françois. *Paris, Crapelet*, 1796, 2 vol. in-8, fig. de Perrin grav. par Romanet, v. racine, dent. sur les plats, tr. dor.

97. Choix de poésies, traduites du grec, du latin et de l'italien par M. E. T. S. D. T. (Edouard-Thomas Simon, de Troyes). *A Londres* (*Cazin*), 1786, 2 vol. in-18, v. marbr. fil. tr. dor.

Ce recueil contient la Pancharis de Bonnefons; les Baisers de Jean Second, ceux de J. Vanderdoes, des morceaux de l'Anthologie et des poètes anciens et modernes, avec des notices sur la plupart des auteurs qui composent cette collection.

98. Les Poëtes françois, depuis le XII^e siècle jusqu'à Malherbe, avec notice historique et littéraire sur chaque poëte (par Auguis). *Paris, Crapelet*, 1824, 6 vol. in-8, brochés.

99. Poésies de Marie de France, poëte anglo-normand du XIII^e siècle, ou Recueil de lais, fables et autres productions, publiées avec notes par B. Roquefort. *Paris, Chasseriau*, 1820, 2 vol. in-8, 2 figures gravées, demi-rel. v. bleu, tr. marbr.

100. Supplément au Glossaire du Roman de la Rose, contenant des notes critiques, historiques et grammaticales, une dissertation sur les auteurs de ce roman, etc. *Dijon, chez J. Sirot*, 1737, in-12, v. antiq. marbr.

101. Les Satires et autres œuvres de Regnier, avec des remarques (par l'abbé Lenglet-Dufresnoy). *Londres, Lyon et Woodman*, 1729, gr. in-4, frontisp. fleuron sur le titre, vignettes et lettres initiales grav. par Tardieu, Baquoy, etc. d'après Humblot, maroq. rouge, fil. dos orné, tr. dor. (*Reliure ancienne.*)

Exemplaire en GRAND PAPIER.

102. Recueil des œuvres poétiques du sieur David Rigaud, marchand de la ville de Crest en Dauphiné, avec le poëme de la Cigale, autant merveilleux en ses conceptions qu'en

sa suite. *A Lyon, chez Claude la Rivière*, 1653, in-8, v. antiq. marbr.

Rare.

103. Les Œuvres de M. Boileau-Despréaux, avec des éclaircissements historiques (augmentées d'une préface, de l'éloge de Boileau par de Boze, d'un autre éloge par de Valincourt, et du « Bolæana » par de Losme-Montchesnay; publiées par l'abbé Souchay). *Paris, Ve Alix*, 1740, 2 vol. gr. in-4, portr. de Boileau par Rigaud grav. par Ravenet, fleurons sur titres, vignettes, culs-de-lampe, lettres initiales et figures de Cochin fils, le tout gravé, v. antiq. marbr.

104. Fables choisies, mises en vers par J. de la Fontaine; nouvelle édition, grav. en taille-douce, les figures par Fessard, le texte par Montulay, dédiées aux enfans de France. *Paris, Deslauriers*, 1765-74, 6 tomes en 3 vol. in-8, titres, texte, vignettes et figures entièrement gravés, demi-rel. avec coins, v. viol. non rog.

105. Fables et Contes de la Fontaine. *Paris, T. Desoer et J.-B. Fournier*, 1801, 4 vol. in-48 reliés non uniformément; les Fables sont en veau jasp. avec dent. tr. dor., les Contes sont en veau rouge, tr. dor.

106. Fables et Contes de la Fontaine (avec notice sur la Fontaine par Diderot, et son éloge par Chamfort). *Paris, Lequien* (*de l'imprimerie de Didot aîné*), 1824, 2 vol. in-8, 2 portr. de la Fontaine grav. par Bertonnier d'après Rigault, nombr. fig. de Desenne grav. par Goulet, Leroux, etc., encadrées de vignettes bleues, fac-similé d'écriture, demi-rel. av. coins, v. vert, tr. marbr.

107. La Pucelle d'Orléans, poëme en vingt-et-un chants, par Voltaire. *Paris, J.-B. Fournier*, 1801, in-48, mar. rouge, fil. tr. dor. (*Reliure ancienne.*)

108. Fables nouvelles, par M. l'abbé Aubert, divisées en huit livres. *Paris, Moutard*, 1773, in-12, mar. vert, dos orné, fil. tr. dor. (*Reliure ancienne.*)

Exemplaire aux armes de Mérard Saint-Just.

109. Les Mois, poëme en douze chants, par Roucher. *Paris, Quillau*, 1779, 2 vol. gr. in-4, frontisp. de Moreau le jeune grav. par Simonnet et figures de Cochin, Marillier, etc., grav. par Gaucher, Ponce et Simonnet, v. écail. fil. tr. marbr.

Les pages 259 et 260 du tome II sont raccommodées.

110. Les Mois, poëme, par Roucher. *Paris*, *Froment*, 1825, in-16, figure, v. rose, fil. noirs, tr. marbr.

111. Les Saisons, poëme (par Saint-Lambert). *A Londres* (*Cazin*), 1788, in-18, frontispice gravé par Duponchel, v. éc. fil. tr. dor.

112. LES PLAISIRS DE L'AMOUR, ou Recueil de contes, histoires et poëmes galants. *Chez Apollon, au Mont Parnasse* (*Cazin*), 1782, 3 vol. in-18, figures, mar. rouge, fil. tr. dor. (*Reliure ancienne.*)

Joli recueil orné d'un frontispice et de 16 figures non signées; il contient des pièces de Dorat, Bordes, Voltaire, la Fontaine, etc. : l'Amour oiseleur, les Dévirgineurs, les Cerises, Alphonse, Euphrasie, le Paysan qui avait offensé son seigneur, Parapilla, Joconde, Rosine, les Trois Manières, Vert-Vert, Camille, Ce qui plaît aux Dames, la Fiancée du roi de Garbe, le Petit Chien qui secoue de l'argent et le Savetier.

113. La Guerre des Dieux anciens et modernes, poëme en dix chants par Evariste Parny; édition originale. *Paris, Didot, an VII*, in-12, v. rac.

114. Contes et Fabliaux, par Auguste Rigaud, de l'Académie royale des sciences et belles-lettres de Montpellier. *Paris*, *Peytieux*, 1825, in-18, cart. n. rog.

115. Chansons, par M.-J.-P. de Béranger. *A Paris, chez les marchands de nouveautés* (*de l'imprimerie de Firm. Didot*), 1821, 2 vol. portrait. — Chansons nouvelles (par le même). *Paris*, *chez les marchands de nouveautés*, 1825. 1 vol. — Chansons inédites (par le même). *Paris*, *Baudouin fr.*, 1828, 1 vol. portrait. — Chansons nouvelles et dernières, de P.-J. de Béranger, dédiées à M. Lucien Bonaparte. *Paris*, *Perrotin* (*de l'imprimerie de Jules Didot l'aîné*), 1833, 1 vol. — Airs anciens et nouveaux des chansons de M. P.-J. de Béranger, publiés par A. Guichard-Printemps. *Paris, Hentz Jouve, s. d.*, 1 vol. — Procès fait aux Chansons de Béranger, avec le réquisitoire de Me Marchangy, le plaidoyer de Me Dupin, l'arrêt de renvoi et autres pièces. *Paris*, 1821. — Procès fait à MM. de Béranger et Baudouin. *Paris*, *Baudouin fr.*, 1822, 2 ouvr. en un vol. Ens. 7 vol. in-18, demi-rel. bas. f. tr. jonq.

116. La Gerusalemme liberata, di Torquato Tasso; seconda edizione coi rami della edizione di Monsieur. *Parigi, Didot, s. d.* (1785-86), 2 vol. gr. in-4, pap. vél. fig. de Cochin grav. par Tilliard, Lingée, Dambrun, etc. cartonn. non rog.

Belles épreuves.

117. Maistre Pierre Pathelin restitué à son naturel. — Le Grand Blason des faulses amours (par Guil. Alexis). — Le Loyer des folles amours (par Guillaume Cretin). *Pour Galliot du Pré, libraire*, 1532, in-16, bas.

Exemplaire assez bien conservé (120 millim. de hauteur), mais incomplet de deux feuillets sign. Q. II et Q III. Cette jolie édition est fort rare.

118. Œuvres de Jean Racine, avec les variantes et imitations des auteurs grecs et latins, publiées par Petitot (et de la Chapelle, officier d'artillerie). *Paris*, *Belin*, 1813, 5 vol. in-8, portr. (ajouté) de Racine par Saint-Aubin, cartonn. non rog.

119. Œuvres de Regnard; édition revue et conforme à la représentation (publiées avec des avertissements par Garnier). *Paris, Maradan*, 1790, 4 vol. in-8, portr. de Regnard et figures de Horel grav. par Halbou, Coutelle, etc. demi-rel. bas. fauv. avec coins, parch.

120. Œuvres dramatiques de Shakspeare, traduites de l'anglais par Letourneur, précédées d'une notice biographique et littéraire par Horace Meyer. *Paris*, *Saintin*, 1835, 2 vol. gr. in-8, texte à 2 col. portrait de Shakspeare par Hopwood, demi-rel. v. rouge, tr. marbr.

121. Les Amours pastorales de Daphnis et Chloé, écrites en grec par Longus et translatées en françois par Jacq. Amyot. *A Bouillon, de l'imprimerie de la Société typographique*, 1776, pet. in-8, figures du Régent gravées par Vidal, v. antiq. marbr.

122. Les Amours d'Ismène et d'Isménias. *A la Haye*, 1743, in-12, 1 fleuron sur le titre qui est rouge et noir, titre-frontispice et 3 figures non signées. — Les Amours d'Abrocome et d'Anthia, histoire éphésienne traduite de Xénophon par M. J*** (Jourdan). *S. l.* (*Paris*), 1748, pet. in-8, frontispice de Humblot gravé par Maisonneuve, 5 figures et culs-de-lampe par les mêmes. — Amours de Théagène et Chariclée, histoire éthiopique. *Paris, Coustelier*, 1743, 2 vol. pet. in-8, frontispice, figures et vignettes gravées non signées. Ens. 4 vol. mar. rouge, dos orné, fil. tr. dor. (*Reliure ancienne uniforme.*)

123. Les Cent Nouvelles nouvelles, contenant les cent histoires nouveaux qui sont moult plaisans à raconter...; nouvelle édition, ornée de cent figures en taille-douce et d'un frontispice. *A Cologne, chez Pierre Gaillard*, 1786, 4 vol. in-8, figures, bas. verte.

124. Œuvres de F. Rabelais (précédées d'une notice sur Rabelais, publiées par de l'Aulnaye). *Paris, Ledentu*, 1835, gr. in-8, texte à 2 col. portr. de Rabelais grav. par Geoffroy, demi-rel. bas. bleue, tr. marbr.

125. Les Aventures de Télémaque, fils d'Ulysse, par M. de Fénelon, avec figures en taille-douce dessinées par Nic. Cochin et Moreau le jeune. *Paris*, *Didot*, 1790, 2 vol. gr. in-8, cartonn. non rog.

Exemplaire sur papier vélin fort, mais sans les figures; texte seul.

126. Paul et Virginie, par Jacques-Bernardin-Henri de Saint-Pierre, orné de quatre jolies gravures. *Paris, Deterville*, 1816, in-12, figures de Moreau et Desenne, v. dent. tr. dor.

127. Œuvres de Machiavel, traduction par Guiraudet. *Paris, Potey*, *an VII*, 9 vol. in-8, portr. de Machiavel grav. par Levasseur d'après Brunzino, v. racine, dent. sur les plats, tr. marbr.

128. Œuvres complètes de Jean de la Fontaine, précédées d'une nouvelle notice sur sa vie, avec les notes les plus importantes des commentateurs (publiées par J.-B. Després). *Paris*, *Pillet*, 1817, 2 vol. in-8, portrait de la Fontaine, 1 fleuron sur le titre et figures grav. par Perdoux, fac-similé d'écriture, demi-rel. mar. rouge antiq. ébarb.

129. Œuvres complètes de Voltaire, avec des remarques et notes historiques, scientifiques et littéraires. *Paris*, *Baudouin*, 1825, 77 vol. in-8, portr. de Voltaire gravé sur acier par Hopwood, brochés.

Manque le tome LXXV formant le IXe volume de la « Correspondance ».

130. Œuvres complètes de J.-J. Rousseau, mises en ordre, avec notes et éclaircissements, par Musset-Pathay. *Paris*, *Dupont*, 1823-24, 22 vol. in-8, brochés.

131. Œuvres complètes de J.-J. Rousseau, publiées avec des notes historiques (par Petitain). *Paris*, *Furne*, 1835, 4 vol. gr. in-8, texte à 2 col. portr. de Rousseau et nombr. figures de Johannot, Devéria, etc., grav. par Blanchard, Pourvoyeur, etc., demi-rel. v. rouge, tr. marbr.

132. Œuvres de la marquise de Palmarèze (Mérard de Saint-Just). *Partout et pour tous les temps* (*Retel*, 1789), 3 tomes en un vol. gr. in-18, v. gran.

Rare.

133. Œuvres complètes de Volney, précédées d'une notice sur la vie et les écrits de l'auteur (par Bossange). *Paris, Didot*, 1837, gr. in-8, texte à 2 col. portr. de Volney grav. par Langlois d'après David, figures, demi-rel. bas. brune, tr. marbr.

134. Œuvres complètes de J. Delille, avec notes de Parseval-Grandmaison, de Choiseul, Aimé-Martin, etc... *Paris, Didot*, 1847, 1 vol. gr. in-8, texte à 2 col. demi-rel. chagr. viol. dos orné, fil.

135. Œuvres complètes de P.-L. Courier, édition augmentée de morceaux inédits et précédée d'un essai sur la vie et les écrits de l'auteur par Armand Carrel. *Paris, Didot*, 1837, gr. in-8, texte à 2 col. portr. de Courier grav. par Ethiou, demi-rel. v. viol. tr. marbr.

136. Œuvres complètes de la baronne de Staël-Holstein. *Paris, Didot*, 1836, 2 vol. gr. in-8, texte à 2 col. portr. de l'auteur grav. par Langlois, demi-rel. v. vert, tr. marbr.

137. Obras patouëzas de M. Favre, priout-curat dé Célanova. *Mounpeyé, Virenque*, 1839, 4 vol. in-12, brochés.

138. Atlas universel, historique et géographique, composé de cent-une cartes donnant les différentes divisions et modifications territoriales des diverses nations aux principales époques de leur histoire, etc., par A. Houzé. *Paris, Lebigre-Duquesne, s. d.*, cartes color. et figures lithogr. teintées, cart. vert, tr. dor.

139. Voyages anciens et modernes, ou Choix des relations de voyages, depuis le v^e siècle avant Jésus-Christ jusqu'au XIX^e siècle, avec biographies, notes et indications iconographiques, par Edouard Charton. *Paris, Magasin pittoresque*, 1854-57, 4 tom. en 2 vol. gr. in-8, nombr. figures intercal. dans le texte, demi-rel. v. vert, tr. jasp.

140. Voyage pittoresque autour du monde. Résumé général des voyages de découvertes de Magellan, Bougainville, Cook, etc..., publié sous la direction de Dumont d'Urville. *Paris, Tenré*, 1834-35, 2 vol. gr. in-8, texte à 2 col. portraits, cartes et figures, demi-rel. v. vert, tr. marbr.

141. Das malerische und romantische Rheinland von Karl Simrock. *Leipzig, Wigand, s. d.*, gr. in-8, figures grav. demi-rel. v. viol. tr. jasp.

142. Excursions sur les bords du Rhin, en Hollande et en Belgique. Descriptions et curiosités du pays Rhénan, etc., par M. de Chaumont. *Limoges*, *Barbou fr.*, *s. d.*, in-4, figures lithogr. et teintées, cart. rouge doré.

143. Voyage sur la côte orientale et sur les deux rives de la mer Rouge, dans le pays des Adels et le royaume de Choa, par Rochet d'Héricourt. *Paris*, *Arthus Bertrand*, 1841-1846, 2 vol. in-8, fig. lithogr. et teintées, le 1er chagr. rouge, fil. tr. dor. et le 2e v. rouge, tr. jasp.

144. Relation du second voyage fait à la recherche d'un passage au Nord-Ouest, par sir John Ross, et de sa résidence dans les régions arctiques de 1829 à 1833..., traduit par Defauconpret. *Paris*, *Bellizard*, 1835, 2 vol. in-8, portr. de John Ross et 1 frontisp. gravés, cartonn. tr. marbr.

145. Lettres écrites des régions polaires par lord Dufferin, traduites de l'anglais par de Lanoye. *Paris, Hachette*, 1860, in-8, pap. vél. teinté, figures, demi-rel. chagr. vert, plats recouverts de percal. chagrinée verte, tr. dor.

146. Atlas historique et pittoresque, ou Histoire universelle disposée en tableaux synoptiques et illustrée de cartes et de planches par J.-H. Sebnitzler. *Strasbourg*, *E. Simon*, 1860, 3 tomes en 2 vol. in-4, demi-rel. chagr. vert.

Antiquité, moyen âge, temps modernes et atlas.

147. Histoire de Fl. Josèphe, sacrificateur hébrieu, mise en françois, revue sur le grec par Gilb. Genebrard. *Paris*, *Sonnius*, 1578, 2 tomes en un vol. in-fol. v. marbr.

148. C. Crispi Sallustii Catilinaria et Jugurthina Bella. *Parisiis*, *excudebat Firm. Didot*, 1819, in-fol. papier vélin, demi-rel. mar. viol. non rogné. (*Thouvenin.*)

Édition de luxe tirée à très-petit nombre.

149. Fastes de la France, ou Faits chronologiques, synchroniques et géographiques de l'histoire de France, précédés de l'histoire de la Gaule, par Mullié. *Paris*, *Bertin*, 1858, 4 tom. en 2 vol. gr. in-8, pap. vél. texte à 2 col. nombr. fig. demi-rel. v. vert, tr. jasp. et atlas in-fol.

Le titre et les 5 premières pages du tome III sont tachées.

150. Guide pittoresque du voyageur en France, contenant la statistique et la description complète des 86 départements...., par une société de gens de lettres, géographes

et artistes (publié par Girault de Saint-Fargeau). *Paris, Didot*, 1838, 6 vol. in-8, texte à 2 col. nombr. vignettes, figures, portr. et cartes grav. par différents artistes, demi-rel. v. vert, tr. marbr.

151. Almanach du père Gérard pour l'année 1792, ouvrage qui a remporté le prix proposé par la Société des amis de la Constitution séante aux Jacobins à Paris, par J.-M. Collot d'Herbois. *Paris, Buisson*, 1792, in-64, mar. vert, dos orné, dent. tr. dor. (*Reliure ancienne.*)

152. Histoire de l'Algérie française, précédée d'une introduction sur les dominations carthaginoise, romaine, arabe et turque, suivie d'un précis historique sur le Maroc, par Leynadier et Clausel, illustrée par Guérin et Ramus. *Paris, Morel*, 1846, 3 vol. gr. in-8, figures, cartonn. tr. jasp.

153. L'Ancienne Alsace à table ; étude sur l'alimentation, les mœurs et usages épulaires de l'ancienne province d'Alsace, par Charles Gérard, avocat à la cour de Nancy. *Paris, Berger-Levrault*, 1877, gr. in-8, pap. vél. broché.

154. Révolution d'Angleterre : Charles Ier, son peuple et son parlement, 1630 à 1660..., par Philarète Chasles. *Paris, Ve Janet, s. d.*, gr. in-8, titre gravé, figures gravées sur acier d'après Van Dyck, Rubens, etc., demi-rel. chagr. bleu, plats recouverts en percal. chagr. bleue, tr. dor.

155. Histoire de la République de Venise, par P. Daru, de l'Académie française. *Paris, Didot*, 1819, 7 vol. in-8, plans et cartes grav. et pliés, cartonn. tr. jasp.

156. Histoire des démêlez du pape Boniface VIII avec Philippe le Bel, roi de France, par feu Adr. Baillet, bibliothécaire de M. le président de Lamoignon. *Paris, chez Fr. Barois*, 1718, in-12, v. f. antiq. fil. tr. dor.

157. Œuvres de Plutarque, traduites du grec, avec notes, par D. Ricard (Hommes illustres). *Paris, Brière*, 1827, fort vol. in-8 à 2 col. encadré de fil. noirs, demi-rel. v. vert, tr. marbr.

Édition compacte.

158. Armorial historique de la noblesse de France, recueilli et rédigé par un comité, publié par Henry de Milleville, référendaire au sceau de France. *Paris, Vaton*, 1845, gr. in-8, pap. vél. fig. intercal. dans le texte, demi-cartonn. toile rouge, tr. jasp.

159. Manuel du libraire et de l'amateur de livres, par J.-C. Brunet fils. *Paris, Brunet*, 1814, 4 vol. in-8, texte à 2 col. — Dictionnaire des ouvrages anonymes et pseudonymes, avec notes, par A.-Alex. Barbier. *Paris*, 1806-08, 4 vol. in-8, texte à 2 col. Ens. 8 vol. in-8, v. rac. dent. tr. marbr.

160. Revue scientifique de la France et de l'étranger. *Paris, Germer Baillière*, 1871 à 1880, en fascicule in-4.

Les années 1871-1872 sont incomplètes de qq. livr. Toutes les autres années sont complètes.

Paris. — Typ. G. Chamerot, 19, rue des Saints-Pères. — 11889.

www.ingramcontent.com/pod-product-compliance
Ingram Content Group UK Ltd.
Pitfield, Milton Keynes, MK11 3LW, UK
UKHW020227180726
13838UKWH00005B/2234